너에게로 가는 시냇물

너에게로 가는 시냇물

김지현

현대시학시인선 125

ㅎ|ㅅ

김지현

전북 남원 출생.
숭의여자대학교 문예창작과 졸업.
2014년《한국산문》으로 수필 등단.
2017년《문학의오늘》앤솔로지로 시 작품활동 시작.
시집 『선홍빛 서사』가 있음.

ksr8959@naver.com

⁑ 시인의 말

오 년 만에 두 번째 시집을 발간한다.

우리 실생활 속 곳곳에서 시를 착안했다

그것들은 밟히는 잡초일 수도 있고

말이 없는 또는 말 많은 어떤 것들일 수 있다.

나 자신이기도 하고 타인이기도 하다.

자연 일부분인 사물과 그 이미지는

사소하지만 사소하지 않은 것들이다.

그것들이 가슴에 스며 내게 말을 걸어왔다.

더불어 사는 세상 나는 그것들과 소통한다.

이 시들이 시냇물처럼 흘러서 세상의 한 귀퉁이라도

정화했으면 하는 바람이다.

2023년 여름.

차례

* 시인의 말

1부

책장을 넘기며	12
하늘꽃	14
진달래강	16
벚꽃 창가에	17
엄마 꽃 내 꽃	18
사랑을 짓다	20
별들이 내려왔다	22
물수레꽃 아래서	23
마늘종을 읽다	24
달맞이꽃 항변	25
우왕좌왕 봄	26
남산길	28
너를 그리는 건	30
장미꽃 대선	31
오월엔 꽃나무 밑을 보라	32

2부

너의 별을 찾아라	34
아침에 눈이 뜨니	35
사랑의 눈높이	36
로스팅Roasting 날	37
너에게로 가는 시냇물	38
산아버지	40
뱀사골	41
거제 학동 몽돌 해수욕장	42
터널은 살아있다	43
오동대	44
자연 앞에서 우리는	46
어디쯤 가고 있을까	48
여름 한낮	49
갱년기 증후군	50
봄바람에	51
부탁이 있어요	52
별마당	54
이팔청춘	56

3부

서울의 놀이터	58
2022 핼러윈데이	60
올해도 그러려나 봐요	62
여름엔 소나기를 만나자	63
달님은 술래	64
바닷가 사랑	65
비나리	66
빗방울 소방관	67
떠나는 이여	68
어매 묘를 찾아서	70
심장 무게	72
흙	74
허공	76
그 겨울밤	77
따뜻한 그 손	78
온도차	80

4부

야자수에 걸린 달	82
너구리 한 마리	83
결혼 지참금	84
지나간 인연	86
첫눈 오는 날	87
눈 마중	88
상소문	89
녹차밭 동백	90
두 개의 이름	91
네모로 산다	92
가벼움의 극치	93
개 소변 금지	94
아무 말 잔치	95
칠월이 오면	96
검단산	98
한가위	100

5부

박꽃 당신	102
밤순이	103
원조 칼국숫집	104
촉과 더듬이	105
가을은	106
흔들리며 산다	107
그 길을 지나며	108
우리들의 서글픈 사랑	110
연재를 넘어가는데	111
강화도	112
모란	113
꽃도 질 때면	114
여우 털의 반란	115
오지랖	116
얄궂은 세상	118
놈	119
필feel	120
온기 전달자	121

*해설
별이 된 꽃이거나, 꽃이 된 별이거나 | 박상률(시인)

1부

책장을 넘기며

그녀의 시집을 읽는다
서른 시절이 담겨있는
페이지에서
가장 여린 손가락이 베었다
잠이 덜 깬 새벽 시간이어서인지
더 아팠다
서랍에서 밴드 하나를 꺼내
쓰라린 손가락에 붙이니
눈물이 삐죽 나왔다
상처를 만나고서야!
뻣뻣하고 날카롭고
경직된 그것들에 대해 생각했다
부드럽지 못한 행동에
베임을 당했을까?
밀어놓은 책을 끌어당겨
다시 그 장을 펼친다

가장 힘겨웠던 시간과

맞물렸던 서른 시절을

손가락이 조심조심

다독이듯 책장을 넘긴다

하늘꽃

하늘색 작은 꽃

너 참 예쁘다

맑은 날 하늘빛 머금어

순한 꽃잎 피워 내다니

너 참 기특하다

가느다란 줄기 끝에

눈물 한 방울 길어 올렸을

바람 한 줌 꽃잎에 앉혀도 보았을

너무도 작아서

한 발짝만 물러서면 보이지 않고

한눈팔면 꼭꼭 숨어버릴 것 같은 너를

하늘꽃이라 부른다

너 참 예쁘다

너 참 기특하다

진달래강

안개 낀 강 언덕에
진달래꽃 붉다

빨간 볼의 꽃잎
강물이 업어 간다

강은 물무덤
꽃상여 가듯

꽃잎들이 점점이
꽃 수를 놓는다

벚꽃 창가에

이 봄 다시 찾아온 임이시여

그동안 세찬 바람 속에서 얼마나 서성였을지
몇 번이나 창문에 부딪히다가 돌아갔을지

이제야 문 열어 바람결에 오는 기운찬 당신을
두 팔 벌려 맞이하는 봄

오, 마침내 내 가슴에 안긴 임이시여

엄마 꽃 내 꽃

엄마 집엔 올해도

봉숭아꽃 채송화꽃이 마당을 붉게 물들였다

샐비어 금낭화의 행복주머니도 바람에 달랑거린다

이 꽃 저 꽃 심어놓고

꽃 수확하는 일을 좋아하는 엄마는

내 마지막 서른이 다해가던 어느 날

안개꽃 한 아름 보듬고 달려왔다

나는 남쪽 남자의 숙소로 달려갔다

나를 두고 안개꽃을 닮았다고 말하는 그를 위해

둥근 화병을 안개꽃으로 가득히 채웠다

꽃이 시들기도 전 남자는 남쪽으로 날아가고

안개꽃 홀로 시들어갔다

엄마는 사십이 넘은 딸을 위해

여전히 봉숭아와 채송화를 심고

안개꽃을 가져다준다

그때마다 남쪽 바람이 내게로 불어온다

사랑을 짓다

지나온 날 아쉬운 것 많지만
후회도 다수 있지만
가장 남는 미련이라면
쉴 집을 찾지 못했다는 것

사람이 집이고
영원한 안식처인 것을
이제 와 깨달았다는 것

그런 집을 지으려면 이젠
청춘의 숨소리 깃든 세월을
다시금 불러와야 하는데

나이는 들고
내 맘에 쏙 드는 당신이란 집은
눈 씻고 봐도 찾을 길이 없으니

주변머리 있게 살아본들 무슨 소용이랴

영혼이 쉴 든든한 사랑을 짓지 못했는걸

별들이 내려왔다
― 세월호 7주기에 부쳐

며칠 전부터 새들의 지저귐과

별들의 춤사위가 찬란하더니

어느새 꽃들이 피어났다

사월이면 꽃들은 진하게 붉어져서

가슴 깊이까지 붉게 물든다

꽃밭은 원래 별들의 고향

꽃인가 했더니 별이더라

별들이 내려와 꽃별로 피어났더라

꽃별들아

비 오면 오는 대로 바람 불면 부는 대로

어깨동무 친구들과 수다도 떨고

이 땅에서 마음껏 즐거워지려무나

물수레꽃 아래서

보랏빛 물결을 향해 달려갔다
키 큰 보라색 수레꽃이 활짝 웃는다

토끼풀이 가득한 땅바닥에
궁둥이를 붙이고 앉아 꽃을 바라본다

초여름 바람을 좋아하던 소녀는 없고
중년의 흰머리 가득한 여인이 앉아있다

어느 하늘가에 떠도는지 모를 그 별이
오늘은 보라색 향기로 온 것인가

물수레꽃 아래 바람이 참 좋다

마늘쫑을 읽다

마늘쫑을 뽑는다

꽃과 종자를 키워야 하는 마늘쫑이

경직된 몸으로 뻣뻣이 버틴다

힘주어 당기자 모가지가 툭 끊어진다

엄마는 두 손으로 머리를 감싸 쥐고

부드러운 속살까지 뽑으라 한다

끊어질세라 무릎을 구부리고

조심조심 힘을 주는데

연 노란빛 속살이 스르르 올라온다

오호!

달맞이꽃 항변

꽃잎 활짝 열어버린 낮 달맞이꽃 보고
옆집 접시꽃 고개 돌리며 하는 말
세상에나 어쩜 꽃들이 후루루 피워버렸네
달님이 오는지 가는지 모를 밝은 대낮에

변한 건 내가 아니고 세상이지
나의 무질서가 아니라 밤의 무질서인 셈이지
음침한 달님 같은 건 잊은 지 오래야
예전의 달맞이꽃은 이젠 없어
벌 나비가 꽃을 찾는 시대도 아니고
우리는 그냥 따뜻하고 환한 해님이 좋다구

우왕좌왕 봄

어제는 고향 친구가

살구꽃 사진 보내오더니

오늘은 자두꽃 보내왔다

산내 실상사에는

붉은 매화꽃 흐드러지고

지리산엔 산수유꽃이며 백목련이며

개나리와 진달래가 꽃잎 열어젖혔다

약속이나 한 듯

한꺼번에 와르르 피는 건

꽃들의 반란인 게 틀림없다

애꿎은 땅속 번데기들

잠자다 튀어나오고

벌들도 우왕좌왕 혼란스럽다

이제 또 어떤 세상이 펼쳐질지

AI가 불쑥 나타나

세상을 지배하지나 않을지

이런저런 공상을 하고 있다

남산길

숭의여자대학 시절
교우들과 남산길 거닐 때면
하늘말나리꽃이며 팥나무 열매가 익어
내 마음을 빨갛게 물들였다

시 창작 시간이면 으레
조지훈 시비 앞에서 시를 쓰라시며
한국 최고의 명동 땅을 밟는 여러분은
절대 가난하지 않다며 웃으시던 교수님

족발을 뜯으며 맥주잔 가득
뜨겁게 익어가던 우리들의 말, 말들

나는 다시 비싼 땅을 밟는다
신은 내게 물질 같은 것은 갖지도 말라며
대신 문학을 주고 다독였었다

초심을 잃을 때면 찾아보는 모교 뒷산

마음만은 부자였던 그 시절 남산길엔

봄꽃들이 활짝, 여대생 같다

너를 그리는 건

너를 그리는 건

그때 순진한 나를 찾자는 것

너를 그리는 건

지난 추억 속에서 나를 보는 것

지난날이 아쉬운 건

덧없이 간 그 시절이 그립다는 것

네가 보고 싶은 건

옛 내 모습이 그립다는 것

장미꽃 대선

떨어지는 표심의 아픔

불어나는 지지율의 기쁨

벚꽃이 휘날리는 거리마다

선거 열풍 공약의 공약

네거티브 득세하는 여론과 비평들

장미처럼 붉게 피어날 대통령

꽃들이 다 지기 전에

파란 잎이 나오기 전에

사월이 다 가기 전에

만나야 할 세월호 미수습자

아픔과 기쁨이 공존하는 이분법의 사월

오월엔 꽃나무 밑을 보라

꽃들이 붉게 누웠다
엎어지고 뒤집히고 널브러졌다
대롱대롱 매달리다 고개 떨구었다
청춘에 가면 영원한 청춘인가
꽃이 지니
오늘은 바람까지 술렁인다
오월엔 꽃나무 밑을 보라
산비둘기도 한참을 서성거리다 간다

2부

너의 별을 찾아라

너의 별을 찾아서 떠나라
너만의 별이어야 살 수 있다

가시밭길일지라도 가라
자갈길일지라도 가라

진정 너의 별을 만나면
그것은 천국에 닿는 일

세상이 아름답지 않은 것은
너의 별이 아니기 때문이다

아침에 눈이 뜨니

가난한 어미가 돈벌이는 모르고
책 나부랭이나 읽으면서 졸작이나 쓰고 있다니
어쩜 이리도 대책 없이 사는지

말버릇처럼 돈을 쫓지 마라
돈의 노예가 되지 마라
배부른 돼지보다 배고픈 소크라테스가 낫다
그리 가르쳐온 어미라서 미안하다

남겨줄 건 없고 해는 중천이라
아프고 아프고 또 아프지만
그럼에도 불구하고 물질은 쫓지 마라

좋아하는 일 하며 열심히 살다 보면
너희들 마음에도 해가 뜨고 달도 쉬어갈 것이다
어미는 그걸 믿는다

사랑의 눈높이

조용한 날갯짓의 멋쟁이 나비를
만나고 싶은 살구꽃

화끈한 한방에 꽃을 피우는 꿀벌을
만나고 싶은 자두꽃

윙윙대고 팔랑대는 작은 것들 보다는
너울너울 창공을 나는 새를 꿈꾸는
진달래꽃

기어 다니기도 하고 날기도 하는
붉은 별 일곱 개 등에 박힌
칠성무당벌레가 최고라는 풀꽃들

사랑의 눈높이를 그 누가 가늠하랴?

로스팅Roasting 날

쇠 바구니에 커피콩을 볶는다

불 위에서 청옥색 색채가 사라지자

작은 몸에서 은은한 꽃향기를 피워낸다

푸른 하늘을 나는 듯한 힐링

히득히득

내 안에서는 에티오피아 염소가 뛰어놀고

목동 칼디Kaldi의 미소가 번진다

최초 원산지 코페아 아라비카Coffea Arabica

염색체수는 마흔네 개

그 작은 몸속에 어떻게 많은 사연을 품었는지

시간, 온도, 사람에 따라 달라지는 센스

인생의 단맛 쓴맛으로는 명함도 못 내밀지

수천 미터 고산지대의 공기와 영혼을 담은

그 이름도 반듯한 꼭두서니

그윽한 그녀의 향기에 빠져드는 봄

너에게로 가는 시냇물

죽어서도 사랑할 너는

나의 벤치며 하늘이며

나를 숨 쉬게 하는

산소이자 비타민이다

커피를 마시며

너를 바라보는 것은

냉기 가득한 방에

벽난로를 피우는 일

청춘의 꽃숭어리를 그릴 수 있고

말 없는 약속을 기록할 수도 있어

너를 만나면 나는 밤하늘의 별이 되고

댓바람에도 꽃이 된다

어쩌나 너는 그대로인데

나는 가둘 수 없는 시냇물인걸

언제나 너에게로 흘러 흘러서 가는

멈출 수 없는 시냇물

산아버지

어느 날엔 감자 자루 들춰 메고
어느 날은 오미자 봇짐 둘러메고
피아골 비탈길 돌아서던 울 아버지

험하고 후미진 산길 오르내리다 날 저물면
냇가 바위 위에서 잠을 청하기도 하고
산짐승들 피해 나무에 올라가 자기도 했던

오미자, 봉영, 잣, 머루, 다래, 으름
산도라지, 더덕, 송이버섯, 노루궁둥이버섯
각종 산나물과 약초와 꽈리를 망태기에 담아
아흔아홉 고개 오르내리던 울 아버지

이산 저산 작은 오솔길 만들어가며
약초 캐는 사내 만나거든 물어다오
어쩌다가 산을 오르내리며 살았는지

뱀사골

하늘의 뭉게구름도 산그늘도 옥빛 물속을 유영한다
곰처럼 호모사피엔스처럼 원시적인 사람들의 마을
발길이 머문 적 없는 첩첩산중을 오가며
홀라당 옷 벗어놓고 하루에도 몇 번씩 멱을 감던 시냇물

빨갱이 소탕 작전으로 죽은 자들이 잠들어 있는 계곡
뱀사골로 시집간 여자가 홀로 아기를 낳다가 죽었다는

무시무시한 설화도 있고
가기 싫어도 가야만 했던
초등학교 시절 소풍 간 곳

미개한 문명 뒤로 머리 희끗희끗한 중년의 남자가
둘레길 넘나들며 동에 번쩍 서에 번쩍 도시인을 맞는다
"애들아, 염소 고기 안쳐놨으니 익으면 술 한잔하고 있어"
헝클어진 머리카락 넘기며 바삐 사라지는 머시마도 사는

거제 학동 몽돌 해수욕장

부자가 바닷물에 들어갔는데 아뿔싸,
돌에 차인 아버지 무릎에서 피가 흐른다

튜브를 끌고 들어간 모녀도
파도에 휘청이며 혼비백산해 되돌아 나온다

황금색 곱슬머리 건장한 청년도
허벅지 문신만 물에 담그다 급히 나오고
나는 엉덩방아에 울상을 짓고 말았다

돌망치에 얻어맞고 바다만 바라보는 사람들
아이 손잡고 멀리서 온 젊은 엄마는
무슨 몽돌이 돌 방망이냐며 구시렁거렸다

아쉬움과 배신감에 어이없어하며
집으로 터덜터덜 돌아가고 있는데
멀리서 구급차 소리 들려왔다

터널은 살아있다

여행길에서 맞닥뜨리곤 한다

달려드는 차들을 훅훅

빨아들이는 터널의 검은 입

멀리서 보면 퀭한 눈으로

가까이 가면 커다란 입으로

윙윙거리며 차들을 제압한다

행여 그 입속에 잡힐까

걸음아 날 살려라

꼬리를 쑥 빼고 달아나다가

가까스로 벗어나 고개 돌리면

부릅뜬 눈이 달려올 듯 노려본다

터널이 움직일까 두렵다

그들의 눈과 귀 잇몸 전체를

속속들이 정기 검진해야 한다

오동댁
— *부디 편히 영면하옵소서*

흰 눈 훨훨 휘날리던 날

작은 오동댁 팔십칠 세 일기로 세상 떴다

갖은 고생 끝에 아들들 잘 자라 성공하였으니

호강받을 일만 남았는데 눈 감았다

딸 하나 낳고 아들이 없어서

첩 얻어 큰방 내어주며 살다가

사십 대에 저세상 건너간 큰오동댁

오십 년을 홀로이다 한 줌의

뼛가루로 남편 이씨 곁에 왔다

이 씨 우편에 큰 오동댁

이 씨 좌편에 작은 오동댁

곁을 내어주며 한 무덤이 된 이씨네

큰 오동댁 공덕으로

작은 오동댁의 노고로

번창한 이씨 자손들 술 따르고 절 올리니

소원 이룬 큰 오동댁 저승에서나마

작은 오동댁 손을 잡고 춤을 추겠다

자연 앞에서 우리는

땅 위 사람들 잰걸음 걸어봐야
공중을 날아가는 저 새들 밑이거늘

창공을 나는 신혼여행이 즐겁다지만
여왕벌의 혼인비행만 하랴

유명 건축가 아무리 집을 잘 지은들
거미집처럼 완벽할리 없고

무거운 짐을 나르는 짐꾼인들 쇠똥구리
쇠똥 굴리는 쇠똥구리만 하랴

여가수의 낭랑한 음성도 대밭 종달새
청아한 울음소리는 못 따라가고

매혹의 향수 불가리 샤넬도

개미의 페로몬 효과만 못하리라

밤의 네온사인이 아름다운들
개똥벌레 사랑만큼 어찌 반짝일 것이며

누구도 추운 겨울 단단한 목련 꽃망울의
촉수를 수직으로 세울 수는 없는 일

어디쯤 가고 있을까

그녀가 떠났다고 한다 봄바람이 아직도 찬데
혼자서 그 먼 길을 어찌 갈는지 지금은 어디쯤이나 갔는지

돈도 필요 없더라 모든 것을 체념한 듯
마지막이라며 내게 건네던 낮은 음성이 가슴을 친다

바람이 창문에 새어들던 밤 사랑하는 사람 있다고 고백도 했었지
  꿈을 꾸고 나누던 지난날 우리의 여름은 참 예쁘고 상큼했어

사랑하는 언니 그 많던 고민 훌훌 털어버리고 잘 가
눈길에 미끄러지지 말고 감기도 걸리지 말고 조심히 잘 가

여름 한낮

그가 미 대륙으로 날아가고 머물던 자리엔 비바람만 스산하다

꿈속에서나 만나야 할 사람 책 속에서나 만날 수 있으려나

후덥지근하더니 장대비 쏟아지고 이때다 싶게 나무들이 힘주어 푸르다

바람은 잎사귀에 고인 빗방울을 후들후들 털어내고 지나간다

저녁나절 서성이는 햇살을 보니 그를 위한 꽃단장도 부질없다

한껏 아름다울 수 있었는데 약 올리듯 불을 지른 햇살이 달아나고 있다

갱년기 증후군

철부지 소녀가 걸렸던 마법도
주체 못 할 젊음도 거두어 간단다

몸속엔 숨은 주춧돌이 삐걱대고
균형을 잃은 등뼈가 휘청인다

귀 안에서는 매미가 터를 잡고
시야 전방에서는 하루살이가 난다

마법에서 풀려나는 일이
이토록 고통스러울 줄이야

가을 낙엽이 우르르 밀려간다
언제 푸르렀냐고 언제 아름다웠냐고

봄바람에

커피는

타닥타닥 일차 크랙Crack이 일어나고

띠디딕 띠디딕 이차 크랙Crack이 일어난다

벚꽃은

봉긋봉긋 일차 성징이 일어나고

꽃망울 툭툭 이차 성징이 일어난다

이몸은

봄바람에 일차 한숨이 일어나고

짓궂은 감정은 풍선처럼 부풀어

이차 맨붕이 일어난다

이참에

어찌어찌 봄기운을 빌어서

남쪽 바람이라도 만나러 가볼까나

부탁이 있어요

제발 창문을 뜯어주시어요

창공으로 가는 새들을 보고 싶어요

귀가 시끄럽도록 천둥소리라도 듣고 싶어요

나무는 밑동도 몸뚱이도 보이질 않는군요

겨우 작은 가지만 가느다랗게 흔들릴 뿐이에요

저 흔들림이 사라지기 전에 다시 한번 부탁해요

분명히 나는 당신에게 말했어요

내가 사라지기 전에 꺼내줘요

영혼이 숨을 쉬게 해줘요

잔인한 그대는 누구예요

나를 사랑한다고 했나요?

당신이 가는 길에 더는 서 있지 못해요

무거운 바위가 가슴을 짓눌러요

숨조차도 쉴 수가 없어요

이제 좀 숨을 쉬고 싶어요
창문 너머라면 저 목련 나무에 붙어서
매미처럼 목이 쉬도록 울고 싶은 거예요

제발요

별마당

세계의 별들이 빛나고 있는

별마당에 갔다

별구경을 나온 나는

무수히 많은 별 중에

눈 감고 별 하나를 찾아보기로 했다

조심스럽게 손을 뻗어 닿은 곳

'라이너 마리아 릴케"별이었다

프랑스 어느 작은 성당 벽면에

찰싹 붙어 잠든 시인

장미 가시에 찔린 후

생을 마감했다는 그에게서

장미 냄새가 나는 것 같았다

다시 눈을 감고

고대 별 하나를 더 찾았는데

로마의 왕, '아우렐리우스"

아주 오래되고 큰 별이었다

그가 내게 물었다

그대는 죽어

어느 별로 기억되고 싶은가

하늘을 올려다 보았다

이팔청춘

이팔청춘에 눈먼 늙은이가
밤인들 두려우랴

내 지난 청춘에 익힌 산등성이
언제인들 못 오를까

눈을 감아도 눈을 떠도 보이니
새 신발 갈아신고

오늘 밤 지리산에 올라
세상을 한눈에 다시 보자꾸나

눈 감아도 그 옛날이 훤하고
밤도 낮도 즐거움의 연속이니

나 그동안 살아온 것처럼
이렇게 살다가 갈 것이야

3부

서울의 놀이터

샛길에 뒹구는 밤송이
가시를 촘촘히 두르고도
알맹이 한 톨 껴안지 못했다
다 내어주기 위해서
그리도 푸르고 진한 향기 내뿜었나

풀 깎아낸 자리에서는
비둘기들 풀씨 주워 먹느라 바쁘다
까치, 직박구리, 다람쥐
청설모가 나무를 타고
고양이 배 깔고 잠을 자는
어린이 대공원은 동물들의 천국

세상에서 가장 큰 놀이터
아차산역 5번출구 어린이 대공원에 가면
모과 향기 풍기는 산책로가 있고

사람들 마주해도 놀라지 않는

순한 짐승들 눈망울이 있다

2022 핼러윈데이

부산에 사는 친구가 왔다
서울 이태원을 가보고 싶어
특수 분장도 하고
한껏 멋을 내보기도 하면서
즐거운 마음으로 길을 나섰다

해밀톤호텔 뒷길을 가기 위해
좁은 골목길을 들어섰다
사람으로 가득찼다
인파 사이를 팔꿈치로 밀어보지만
빈틈 하나 없어 튕겨 나왔다
서로가 서로를 가두고 있었다

도와달라, 사람 살려, 외쳐도
시끄러운 음악 소리만
귀청을 울리고 울렸다

낯빛이 흙빛이 되어 쓰러졌다

그 위에 누군가 또 넘어졌다

속수무책에 망연자실

사람들이 도미노처럼 넘어지고 있었다

사람들이 짐짝처럼 포개져 있었다

올해도 그러려나 봐요
— 세월호 9주기에 부쳐

올해도 꽃별들 오려나 봐요

까만 머릿결 찰랑대며

팔랑팔랑 오려나 봐요

하늘 맑은 날

봄비 내리는 날

바람 부는 날

폴짝

  폴짝

폴짝

꽃별들 오려나 봐요

여름엔 소나기를 만나자

홀가분하게 빈 손으로 집을 나선다

가장리에서 덕산리까지 이어진 도로를 달렸다

오래전부터 빗속을 달려보고 싶었다

혼자서는 감히 엄두도 못 내는 일이었는데

초등학교 오학년인 지은이 덕이다

그 어린것이 무슨 영문으로 빗방울과 맞서겠다는 건지

도로에 누워서 하늘도 보자고 하니

뭔가 큰 뜻을 품은 것 같다

소나기를 온몸으로 맞고 나니

몸도 마음도 깨끗이 씻긴 느낌이다

내년 여름엔 또 누구랑 빗속을 달려

몸도 마음도 깨끗이 씻어볼거나

기대에 찬 숙제가 주어졌다

달님은 술래

짚단 속에 숨은 나를 찾아내던 달님
어두운 골목길에도 불쑥 나타나 나를 지목하고
어느새 머리 위에서 빙그레 웃기도 했지

살구나무 그늘에 숨은 나를 못 찾고 돌아가더니
어느 날 야윌 대로 야위어 하늘가에 나타났지

미운 정도 정이라고 끊어 내지 못할 인연이라면
반쪽이 되어 돌아가는 그 날까지 숨지 않고
함께 걷기로 한다 앞서거니 뒤서거니

바닷가 사랑

오래전 내 눈물을 닦아준 그 바다는 내게 깨달음을 안겨주었지 한 가지를 얻으면 한 가지를 잃어야 한다는 사실

순진하게도 바다는 시치미 뚝 떼고 앉아 있다 그날의 진실은 수평선 너머 어디쯤 있는지 그 많은 눈물은 물고기가 삼켜버렸는지

구멍 난 돌 틈에서 귀뚜라미는 무슨 말을 전하려는 듯 또렷하다 용머리 해안 승천하지 못한 늙은 용의 머리를 비추는 하얀 조명등

아하, 이제야 알 것 같다 당신은 이미 오래전 까맣게 타버린 해안가 잿빛 바위인 것을 당신의 마음도 잿빛 바위인 것을

그래, 소라껍데기 하나 얻었으면 됐지 귀뚜라미의 또랑또랑한 목소리 하나 데려왔으면 되었어

비나리

무거운 발걸음 터벅터벅 계단을 오른다

힘없이 늘어진 어깨를 애써 세우고
애꿎은 발을 세게 내디딘다
하늘을 올려다보며 왜 또 이러냐고
듣고 있다면 숨 좀 쉬게 해달라고
제발 내 죄는 나에게만 물어 달라고 외친다

미리내 별들이 저 멀리서 반짝거린다

빗방울 소방관

울진 산불이 금강송을 삼키고
숯덩이만 덩그러니 남겨 놓았다
불덩이가 된 솔방울은
솔바람을 등지고 멀리뛰기를 해서
여기저기 불을 지피는가 하면
송진은 활활 타는 기름이 되어
이 산 저 산으로 옮겨 다녔다
신바람이 난 불나방들은
울진에서 삼척으로
삼척에서 다시 영월로 옮겨 다니며
열흘이나 불꽃을 피웠다
수십 대의 헬기가 물을 뿌려댔지만
강력한 불나방은 잡지 못했다
그리하여 어쩔 수 없이
하늘의 명을 받은 빗방울 소방관님 내려와
불씨를 잡아들였다 순식간에
놀랄 틈도 없이

떠나는 이여

떠나는 그대

그냥 가지 말아요

맘 아파할

누군가를 위해

한마디 말 남기고 가요

그 한마디 붙잡고

살아갈 수 있도록

그 한마디 붙잡고

견딜 수 있도록

떠나는 그대

그냥 가지 말아요

남겨진

누군가를 위해

딱 한 마디만 남기고 가요

어매 묘를 찾아서

지리산 자락 작은 골짜기 배낭골로
어매보다 두 배를 살아낸 무남독녀 복남이가
마흔에 간 젊은 어매를 보러 간다
극심한 두통을 앓다 병명도 모른 체
훌쩍 떠나버린 야속한 어매

풀숲을 헤치고 구절초꽃을 지나쳐
산비둘기 울어대는 깎아지른 산길
풀줄기 휘어잡고 서서 소나무를 찾는다
길이 산이 돼 쉬이 묘를 찾지 못하는데
산 중턱에 등 굽은 소나무 한그루가
안타까이 묘지를 내려다보고 있다

넋 잃은 복남이 주저앉아 통곡한다
살아생전 첩 얻어줘 가며 기어이
아들 손에 제삿밥 얻어먹겠다더니

젊은 새어매가 아들 넷이나 낳았건만

어매집이 이게 뭣이다요

아이고 어매 이게 정말 뭣이다요

소주 한 잔 따라놓고 팔십 먹은 복남이가

마흔 살 어매한테 절을 올린다

심장 무게
— 영화, 〈사카라의 무덤〉을 보고

현생에서 사후세계로의 여정을 위해

자신의 형상을 조각품으로 남기고

벽에도 자신을 그려 넣었다

육신을 보존하면 영혼이 부활한다는

특별한 믿음의 무덤은

다음 세상으로 무사히 이동하고

화려한 영생을 누리도록 만들었다

그곳 천국에 가려는 사람은

죽음과 부활의 신 오시리스가 있는

재판장에서 가장 중요한 시험이 치러진다

특정한 죄를 짓지 않았음을

심판관 42명 앞에서 맹세해야 한다

'거짓말하지 않았다'

'도둑질하지 않았다'

'살인하지 않았다' 등등

그 세 가지를 거치고 나면

심장 무게를 측정한 뒤 판결을 내린다

진실과 정의의 깃털과

망자의 심장을 저울질해

깃털보다 무거운 심장은

악어 머리 형상을 한 악마의 먹이로 주고

심장과 깃털이 균형을 이루면

그 사람은 '참된 목소리'라는 판결을 받고

갈대밭을 향해 다시 길을 떠난다

현생에서 사는 땅보다 더 좋다는

위대한 갈대밭 여정이 시작된다

흙

화단에 감자껍질을 묻는다

과일 껍질 오래된 채소 상한 고기

역한 냄새가 코를 찌르던 것도

모두 잡아들여 흙으로 만드는 보이지 않는 힘

그 경이로움에 늘 놀라고 감탄한다

음식쓰레기를 모아두었다면

악취가 나고 파리떼가 출몰하고

구더기가 바글거렸을 텐데

흙이 원천인 화단은 변함이 없이

자연의 향기만 내뿜는다

캄캄한 밤이라고 잠을 잘까

태양이 뜨겁다고 쉬기를 할까

한순간도 쉬지 않고 일한다

세포 방마다 수문을 열고

물, 공기, 바람을 불러들여

끊임없이 피와 땀의 숨결을 입히는

샤먼의 땅 기도의 땅 상생의 땅인

세상의 모든 흙에 고개를 숙인다

허공

허공에 고요히 떠오는 것들이 있다

우주 공간을 맴도는 각종 날갯짓
돌과 나무와 꽃들의 속삭임
떠난 자의 노래와 산 자의 한숨
역사의 소용돌이 속으로
모이고 흩어지는 유영 무한의 세계
화석처럼 박힌 옛것들의 공존
수천만 번 거르고 걸러서
맑고 투명한 에너지로 채워진 곳

바람이 일고 비가 오고 눈이 오는
변화무상한 흐름 속에서
투영되는 하얀 이미지들
그 고요를 나는 충전한다

오늘도 하늘을 올려다보는 이유다

그 겨울밤

산으로 둘러싸인 초가집에

온종일 눈이 내려 쌓였다

아버지는 한밤중에

살얼음 든 동치미를 먹고 싶다 하고

엄마는 젖먹이 동생을 안고

밤 음식은 몸에 안 좋다 한다

엄마, 나도 동치미!

그러면 엄마의 눈이 번쩍 뜨이며

긴 치맛자락 움켜잡고

찬바람 속 김칫독으로 간다

동치미 한 사발 들이키고 난 뒤

뒷문을 열어 사다리 타고 올라가

짚동 속 홍시를 꺼내오는 아버지

나는 살얼음 든 달콤한 홍시를

아삭아삭 먹는다

따뜻한 그 손

낯선 섬에 몸을 부리고

술 한잔 걸친 뒤

낙엽을 이불 삼아 누웠다

한참을 누워있는데

다정하게 내 이름을 부르는

아버지의 목소리

난 발을 구르며 울었는데

그 순간 누군가 손을 내밀었다

말똥말똥 그를 바라보다가

내민 손을 잡고 일어났다

누더기 흰옷을 걸친 남자

손이 너무도 따뜻했다

하늘이 변해지고 새소리 들려오는데

인파 속으로 사라져간 뒷모습

깡마르고 키가 컸다

예수를 만난 건지

아버지를 만난 건지

눈물 한 바가지 쏟았다

누구였을까?

마지막 가는 길에 내 손 잡아줄

따뜻한 그 손

온도차

한반도가 물폭탄에 갇혔다

백 오십 년 만의 폭우로

강인지 도로인지 구분이 어려워졌다

사람도 차도 물에 갇히고

한강 잠수교도 시야에서 사라졌다

북한은 한국이 코로나를 퍼트렸다며

보복하겠다고 큰소리치고

중국은 코로나19 통제구역인

하이난성 싼야시를 봉쇄해

세계 관광객 팔만 명이 고립됐다

온난화에 빙하가 녹고

오존층이 파괴되고 지진에

코로나에 물 폭탄까지

지구의 명은 짧아지는데

남북의 온도 차는 좁혀지지 않고

세계 벽은 다시 벌어지고 있다

우리는 지금 어디로 가는가

4부

야자수에 걸린 달

야자수에 걸린 달이 천년의 추억을 더듬는 걸 보았다

십일월 중순이면 유성이 갈라쇼를 벌이던 산굼부리

그곳에서 안식을 찾던 한 여자는 추억을 주워담으며 산다

멋쩍게 웃는 저 둥근 달의 속이 훤히 보인다

너구리 한 마리

신혼의 냄비 속에서 바글바글 끓던 우리는

너구리 한 마리 구석으로 몰고

이마의 땀방울 닦아내며 먹어치우기 바빴다

사리처럼 들뜬 얼굴로 바라보던 사람

너구리 하나면 행복이던 그 시절

겨우 하나 남은 너구리의 추억도 잊힌 건지

국물을 마시고 사리 한 가닥을 건져낸다

그의 머리털처럼 꼬불꼬불한 서른여섯의 운명

시원한 국물은 우리의 결핍을 잠재워주었는데

맵싸한 고춧가루와 향긋한 표고버섯까지

눈물 콧물 쏟아가며 남김없이 뚝딱해치웠는데

너구리를 따라 우리는 모두 어디로 숨어버렸는지

결혼 지참금

내가 시집가기 전날
아버지는 말했다

언제나 너부터 생각해라
맛있는 건 네가 먼저 먹고
좋은 옷은 네가 입어라
세상의 그 누구보다
너를 사랑해라
네가 있고 세상이 있다

이건 아버지가 주는 비상금이다
얼마 안 되지만 넣어 두어라
꼭 필요할 때가 있을 게다
절대 누구한테도 뺏기지 마라
네 서방한테도 말하지 말고

그때 지참금을 어떻게 했더라?

잊고 살았던 그 지참금

다시 생각이 난다

지나간 인연

그저 달빛 그림자라도 볼 수 있어 다행이다
서리병아리 같은 시절, 이별의 서막序幕은
내 젊은 언덕배기에 많은 것을 부려놓고
함께 물들지 못하고 떠돌다 갔다

옛 모습 어디 두고 쓰다 버린 붓처럼
머리털조차 숭숭한 너는 이제야 오고 싶어 한다
더는 물들기를 거부하는 나에게

오랜 사랑도 세월 가면 멈춘다는 것을
운명이고 필연적이라고 말하는 것들도
바람결에 헛들이다 가는 것
대단한 의미부여 하지 말자

버리기와 지우기를 필요로 한 세상
마음 없는 일을 하는 건 결국 배신일 뿐
어디서든 눈빛이 고요했으면 좋겠다

첫눈 오는 날

누군가 연락이 올지도 모른다는 생각에 신바람 나
동심초를 부르기도 한다

문득, 중학생 아들의 해진 운동화가 선명하게 떠올라
가슴 한켠을 적셔온다

일 년을 넘게 편하고 기분 좋게 함께 걸었던 신발이라며
어느새 늙어버렸다고 울상을 짓더니
신발이 가엾어서 버릴 수 없다고 또 고집을 부린다

낡고 닳아서 버려야 한다고 달래보지만
정든 신발이라서 그렇다니 나도 눈물이 날 지경이다

깨끗이 씻어 햇볕에 바짝 말리고 신발창을 깔고 새 끈을 매어
햇볕 쨍쨍한 날에만 신자고 하자 아들의 표정이 해처럼 환해졌다

눈 마중

엄마 집으로 눈 마중 간다

서울을 벗어나자

눈송이가 얼굴에 부드럽게 녹아든다

튀밥장수 튀밥이라도 튀는 양

쌀튀밥이 우수수 쏟아지는 환상

아이들이 고사리손으로 귀를 막고

펑, 튀밥들이 뿌연 훈김 속으로 흩어진다

튀밥 한 주먹 움켜쥐고

새하얀 세상을 돌고 돌아서

시골 마당에 들어서자

씨앗을 품은 흰 눈 소복한 엄마의 꽃밭이 반긴다

사부작사부작 장독 위에 눈 쌓이고

지난 고단함을 훌훌 털어주는 눈 마중

상소문

괴물이 알집을 품고 이사를 온다고 하니
마을 사람들이 놀라 이마에 띠를 둘렀다

상투를 틀어 올린 성주의 할아비들은
두루마기에 갓끈을 매고 청와대로 모였다
수염이 휘날리고 다리는 후들후들
늙은이들 무릎뼈가 삐걱거리던 날이다
후손을 위해 무엇인들 못 하겠냐는 듯
청기와집 앞에서 상소문을 올리고 큰절을 한다

전하, 아뢰옵기 황공하오나
제발 사드 그놈만큼은 아니 되옵니다

녹차밭 동백

보성 녹차밭으로 간다
삼나무숲 길에서
상쾌한 바람을 만나고
아기단풍잎 수놓는 길에서
녹차 아이스크림을 산다
혀끝으로 녹아드는
상큼하고 쌉쌀하고
달콤 텁텁한 녹차 맛
짙푸른 밭고랑 사이
순백의 꽃 밀어 올린 찻잎
동백이 따로 있나?
흰 눈 속 하얀 꽃이 동백이지
머릿속이 시원해지고
세포가 깨어난 듯 신선한
보성 녹차밭 행렬

두 개의 이름

윤경이 원래 이름은 옥순이
영서의 원래 이름은 순자
윤정이와 숙영이는
개명 전 영자와 숙자

딸만 낳는다고 분해서
분화로 지었다는 친구는
가루분에 꽃화자로
지금은 그 이름이 정말 좋다

향숙이와 정심이는 그나마
본연의 이름을 간직했다
성예가 지현이가 된 나는
옛 이름이 그리울 때가 있다

몸은 늙어지는데
이름만 청춘이라니

네모로 산다

 네모난 장식장과 책장 앞에 네모난 컴퓨터가 있다. 네모난 책꽂이에 칸칸이 네모난 책들은 간택되기를 기다리는 궁녀들 같다 언제 읽어주나 서로를 시샘하며 나를 주시한다 한때 나는 동그라미처럼 살고 싶어 둥글둥글 굴러도 보고 부딪혀도 봤지만, 동그라미가 될 순 없었다 동그라미도 아니고 네모도 아니게 사느니 차라리 자기 색이 분명한 네모가 낫다는 생각이 든다 거실엔 네모난 것들로 가득하다 모두가 나만큼이나 네모나다 반듯하고 날카롭게 각을 세우고 나와 수년 동안 동거하고 있다 네모는 네모만의 규칙이 있다 수동적인 게 단점이지만 지구력이 뛰어나며 질서정연하다 겉보기와 다르게 온순하다 안에 담고 있는 게 많아서 무겁게 살아간다 좁은 공간에 네모를 추가하며 가족을 부린다 네모들이랑 살면서 신경을 곤두세우고 질서를 잡는다 그럴 때면 네모들의 모서리도 같이 곤두선다 나 지금 네모와 같이 네모로 살고 있다

가벼움의 극치

건물더미 잔해를 뒤적이던 포클레인이
엉킨 철망과 돌덩이를 들어 올리는데
스티로폼이 들썩들썩 날려 말썽이다
투박한 손으로 붙들어보지만 헛손질

가벼운 것들은 자유로워서 붙잡히지 않는다
뭉게구름은 보이지 않는 날개가 있어
자유로이 떠돌다가 눈이나 비가 되어
어느 순간 사랑의 꽃으로도 피어난다

그녀의 욕망도 자유로워서 샛길로 자꾸만 새어나가고
순간순간 뭉게구름을 타고 떠돌기도 한다
덩치 큰 사내가 그녀 앞에서 무릎을 꿇듯
힘을 가진 것들이 가벼움을 통제 못 해 무릎을 꿇는다

개 소변 금지

어느 음악실 앞 전봇대 개 소변 금지 쓰여있다

오가는 반려견 화장실이 된 지 오래인 듯 전봇대 밑이 까맣다

개들은 영역을 표시하느라 여기저기에서 오줌을 눈다

사람들은 자신의 영역을 차지하느라 땅을 사고 또 산다

영역표시에 바쁜 개나 땅 많이 가지려고 분주한 인간이 무엇이 다르랴

땅 투기 금지라고 현수막 걸어봐도 사람들은 까막눈이라도 되는 양

자신의 영역을 늘리려고 눈에 불을 켜고 산다

아무 말 잔치

MBC 100분 토론
오늘도 아무 말 잔치를 한다

말로 말을 엎어치기하고
말이 안 되는 말을 하면서도
한마디를 덧붙이며 핏대를 세운다

그 잔치 물끄러미 보다가
헛웃음 치며 리모컨 버튼을 누른다

답답한 국민은 좌불안석인데
허구한 날 정치인들 나와
아무 말 잔치를 벌이고 있다

칠월이 오면

제주도로 날아가던 날
나는 하얀 뭉게구름 위에 있었다

시리게 맑은 제주 하늘과 바다
공항에 마중 나온 구멍 난 돌
내 맘 같은 돌 주워들고 넋을 잃었다
그때부턴가 주먹을 쥐기 시작했다
돌들은 가는 곳마다 나를 응원했고
야트막한 담들은 내게 눈을 맞추었다
쭉쭉 뻗은 삼나무 도로와 산굼부리
숲은 가끔 나를 불러들였다
그해 여름은 유난히 비가 잦았고
무시무시한 매미가 나타나기도 했다
몸집이 큰 가로수가 쓰러지고
쌍둥이 공중전화부스가 넘어지고
가슴을 쟁쟁하게 울리고 또 울렸다

제주는 차츰 내 눈물의 고향이 되어갔다
돌집에 터를 잡은 옹기들과 세든 들꽃들
총 맞은 담벼락이 들려주는 수많은 이야기
천년을 살고지고 아픔을 벗어놓은 곳

칠월이오면 나는 열꽃이 피고
다시 그곳을 향해 달려가야만 한다

검단산

산길 양쪽으로 곧게 뻗은

낙엽송에 반하고 향기에 매료되고

벤치에 앉아 새들을 유혹해보는데

손바닥에 놓인 땅콩을

순식간에 물어가는 곤줄박이

하늘을 난다는 것이

먹이를 감지한다는 것이

어찌 소소한 일일까

작은 새와 사진을 찍고

즉석커피로 목을 축이고

저녁노을에 감탄하는 동안

어둠이 내려와 시야를 가린다

서둘러 발길을 재촉하는데

휴대전화기가 사라져

다시 산을 거슬러 오른다

낙엽은 나를 미끄러뜨리고

어둠은 갈수록 짙어만 지고

무릎은 아파져 오는데

갑자기 드는 생각

이것이 인생의 뒤안길이었나

한가위

여보시요

누구요?

예, 누구라고요?

버들떡이요?

나, 버들떡 아니요

나, 덕동떡이요

버들떡 아니랑께요

예, 예

참말로 아니랑께요

에헤 그것참

해필 이럴 때 전화가 와서 베리부렀다

풋고치 넣고 부침개 해얀디

오징어가 다 녹아부렀네

바로 했으야 헌디

어찍꺼나 아이고 참내

5부

박꽃 당신

첩첩이 산인 내 고향, 풀벌레들 여름을 노래하면
어스름 하늘가에 박꽃이 피어났다

초가지붕 끝에 바람이 일면 박꽃잎 들썩이고
한여름 밤 달빛 새어들면 박꽃은 슬그머니 피어났다

어느새 꽃잎이 시들해지면 박을 매단 줄기가
굳은 결심을 한양 일직선으로 줄달음질 치고
풀벌레들 노랫가락 달달하게 익어 갔다

박속을 긁어내고 씨와 나물을 말리던 어린 엄마는
쌀바가지 물바가지 조롱바가지 터울 좋게 키워냈다

눈을 반쯤 감아야 볼 수 있는 새하얀 당신
오늘은 나도 박꽃처럼 하얗게 웃는다

밤순이

초등 하굣길에 뒷동산을 넘을 때면

쏙 빠진 알밤이 발밑까지 마중 나왔다

매끈한 알밤 복슬복슬한 털밤

갈잎 사이로 동그란 이마 내밀면

치마에 알밤을 감싸안았다

그럴 때면 알밤꼬리가 허벅지를 찔렀다

먼 훗날 난 알밤 줍는 태몽을 꾸었다

피부가 갈색이라며 아쉬움을 토로하는 큰딸

자신은 털북숭이라며 불만인 작은딸

그러거나 말거나 난 그 아이들이 시집을 잘 가도록

큰밤순아 작은밤순아 귀하게 불렀다

원조 칼국숫집

신성 시장 원조 칼국숫집 있다
사람들 북적거리는 점심시간이면
원조 칼국수 먹으러 몰려든다
호박 숭숭 잔 파 송송
김 가루 숭덩숭덩 얹어서
풋고추 참깨 솔솔 뿌리고
양념 듬뿍 들어간 겉절이에
구수한 국물 맛 나는 따끈한 국수
이쪽 줄에도 저쪽 줄에도
긴 의자 가득 빈틈이 없다
줄 서서 기다리는 대기자들 뒤로
남녀노소 선채로 후루룩 냠냠
엄마는 막내딸 생각난다고 하시고
나는 내 딸 먹이기에 바쁘고
아기엄마는 아기 먹이느라 칼국수 식어간다

촉과 더듬이

여자에게는 촉이 있어요
이마에 두 개의 더듬이까지 있어
어지간한 거짓말은 쉽게 잡아낸답니다
촉이오는 순간 주파수는
지진의 세기만큼 흔들리지요

세상을 맑게 정화하는 것은
이 촉과 더듬이 덕분이 아닐까요
남자 뒤통수에 눈이 있다지만
여자의 주파수엔 견줄 수가 없지요

오늘도 긴 더듬이를 가진 여자는
점쟁이 속옷을 입은 양
남편의 일거수일투족을 헤아리고 있지요

가을은

삼무공원 풀밭에서 만났던 바람이
산굼부리 언덕에서 울다가
바스락바스락 사려니숲을 지나
용두암 바닷가에 터를 잡는다
그해 여름 삼무공원에는
사내 어깨에 기댄 한 여자가 있었는데
해 질 녘이면 붉은 노을을 끌고
산굼부리 숲길을 헤맸었다

풀벌레와 귀뚜라미 우는 들길을 지나
별빛이 찬란한 돌집언덕을 넘으면
처연한 노루의 눈빛과도 마주쳤다
천둥 번개가 온몸을 관통하고
소나기 억수로 쏟아질 때면
바다를 향해 달려가곤 했었는데
야속한 가을이 사내를 데려갔는지

삼무공원의 그 바람은

봉숭아 샐비어 소국과 해바라기 잔뜩 피워놓고

오늘도 여자의 심장을 두드린다

흔들리며 산다

낯선 길에서 길을 잃었다
여긴 아기 단풍나무와 은행나무
만개한 빨간 장미와 함께 살아가는
참새들 뿐

일찍 여름을 맞은 장미꽃잎이
뜨거운 열기에 늘어지고
푸드덕거리는 참새들 몸짓에
아기 단풍나무도
은행나무도 흔들리는데
아프면 아픈 대로 흔들리자고
사각거리는 저 소리
참새도 길 잃은 낯선 길

36번 버스는 떠나가고
어디에도 돌아갈 의지가 없는 나도
낯선 길에서 흔들린다

그 길을 지나며

지난여름 소나기 지나고

잎사귀 무성해질 때

비루한 몸뚱이 팽팽히 늘려

아스팔트 위 가로지르던 지렁이들

그 길 걷던 사람이라면

지렁이를 밟지 않을 리 없다

양손 흔들고 활개 치며 걷던 중년들

먼 산 보며 달리던 청춘들

그들 발바닥이 온전할 리 없다

지렁이들 무덤이 되어버린 대공원 길에

찬 바람 불고 나뭇잎 지니

언제 그랬냐는 듯

낙엽 밟는 낭만 길이 되었다

'시몬 너는 좋으냐, 낙엽 밟는 소리가"

우리들의 어설픈 사랑

강산이 두 번 변하고 다시 만나던 날
우린 등불 아래서 해후를 노래했네

매미 소리 해석 못 하듯
좁은 내 어깨에 얼굴을 묻고
소리 없이 울던 네 울음 몰랐네

실타래 같이 엉킨 사연 한 올
풀어내지 못한 채 부끄러워 몸 숨겼나
물고기 밥이라도 되고 싶다더니
그날 이후 너는 홀연히 떠나버렸네

그 언젠가 만나면 아무것도 묻지 않으리
곁에서 그저 해후나 다시 흥얼거릴 뿐

연재를 넘어가는데

홀로 연재를 넘어가는데

아카시아꽃 눈발 되어 흩날려도

붉은 장미는 피어나더라

전하지 못한 말들은 시가 되고

태양을 갈망하는 잎사귀들만

차르르르르 머리를 풀더라

마지막은 늘 애달픈 것인가?

오월 막바지 꽃내음이 산천을 누비더라

메마른 가지도 초록 물결 일더라

강화도

저녁노을이

벌겋게 타오르는 강화도

봉분도 붉다

땅거미 짙어지는 바닷길에도

봄이 오는 소리는 들리고

영원한 청춘인 양 착각에 빠진 사람들

어쩌라고 해 떨어지냐 아우성이다

어스름 바닷길 거닐던 여자들

불빛 찾아 헤매는 개똥벌레같이

민박집 주인 붙잡고 하는 말

창 넓은 방을 주세요

떠오는 아침 해 꼭 봐야 하거든요

모란

영랑의 집 앞뜰 뒤뜰에는
나무와 나무들 물이 올랐다

마당 가득 어우러진 모란꽃
가까이 냄새를 맡다가
훅, 코를 잃을 뻔했다
저토록 생기발랄한 꽃이
독을 품고 있었다니

너무도 예뻤던 순백의 그녀가
겉과 속이 다를 줄이야

꽃도 질 때면

발뒤꿈치를 치던 장대비가
걸어온 길을 깨끗이 씻어내고
내 안의 들보까지 씻어내려는 듯
뜨거운 아스팔트 바닥을 후려친다

묵은 계절을 끝내려는 몸부림인가
흥건한 빗물은 도로와 하나 되고
카페 밖 꽃들은 빗물을 흡수하느라
안간힘으로 고개를 세운다

꽃도 질 때면 허기가 오는 것인가

여우 털의 반란

패딩 지퍼에 낀 털목도리
한 움큼 털이 빠져 공중을 난다

영화 13도의 날씨
여우 털의 행방이 묘연하다

사람을 벗어나고픈 건지
다시금 사막을 달리고픈 건지

멀리 날아간다
목덜미가 허전해 온다

오지랖

허리가 잔뜩 굽은 할아버지가
홈플러스 바닥에 주저앉아
냉면 봉지를 만지작거린다
냉면 살 돈이 없나 싶어
사드리고 싶은 마음에 가까이 가자
개를 데리고 들어왔다고 호통이다

길거리 채소 파는 할머니께
웃돈을 주고 채소를 사려하자
이러면 곤란하다고 나도 부자라고
뉘 딸인지 이 험한 세상
어찌 살아갈 거냐고 되려 걱정이다

누가 누굴 안쓰럽다고 마음 쓸 것인가
괜한 오지랖이었다는 생각에 뒷걸음질 친다

내 딸이지만 아무래도

뭔가 하나 빠진 것 같다던

엄마 생각이 난다

얄궂은 세상

코로나19라는 놈 나타나

침방울로 사람들을 공격하니

너 나 할 것 없이 하얗게, 까맣게

천 조각으로 숨통을 덮고

생글생글 눈인사만 나누는 일상

정갈한 차림새와 예의까지

잘 갖추어진 청춘 하나 만나

아무개랑 잘 맞겠다 싶어

소개하겠다고 한마디를 던지고

커피 한잔하자 했는데

마스크를 벗자 입이 툭 튀어나와

어떻게 수습해야 좋을지

무섭게 변해가는 세상

사랑해도 키스는 하지 마라

음식은 반드시 덜어서 먹으라

이 얄궂은 세상, 중매는 무슨

놈

마을에 놈이 나타나면
친구들 하나둘 쓰러지기 시작했다
맨 아래 사는 봉니, 삼니, 정화
아랫집 광수, 순자
광수네 옆집 명자, 춘길이
맨 꼭대기 집 나까지 점령하고 나서야
마을에서 슬그머니 떠나갔다
안절부절 못하는 엄마는
내 이마를 짚어가며 이불을 덮어주고
잣죽, 깨죽, 홍합죽을 끓이며
부엌으로 방으로 분주하게 들락거렸다
엄마의 차가운 치맛바람이 코끝을 스치며
내 영혼을 포근히 잠재웠다.
그 손길이 좋아서 밥 안 먹고
엄살 부리며 이불 속에서 누워지냈다
놈이 자주 나에게 찾아들곤 했지만
꾀병을 부리던 날이 더 많았다

필feel

누구는 필feel 받아 의사 되고

누구는 필에 꽂혀 시인이 되고

누구는 현실도 부정하며

또 다른 무엇인가에 청춘을 묻는다

필feel이란 참 필사적이다

필에 장가들고 필에 시집가고

필에 죽고 필에 사는 우리네 인생

한번 꽂히면 눈멀고 귀먹은 삶

비타민이 열 가지는 들어있을 법한

특별한 산소 같은 필feel

온기 전달자

비 개고 쌀랑한 아차산역

상일동행 열차가 막 떠났다

떠나고 들어오고 또 떠나는 열차

다시 사람들은 모여들고

마천행은 검단산행으로

더 멀리 전철 길을 열었다

온기를 남기고 일어서는 사람들

온기를 전달받아 앉은 사람들

겨울 오는 길목에서

따스함을 나누는

우리는 모두 온기 전달자

※ 해설

별이 된 꽃이거나, 꽃이 된 별이거나

박상률(시인)

1.

　시인 김지현의 세계 인식은 꽃과 별에서 비롯된다. 그는 세상을 들여다보거나 느낄 때 꽃으로 표현하길 좋아한다. 마침내는 그 꽃이 별이 되기도 한다. 나아가 어떤 별은 꽃으로 피어나기도 한다. 이는 그의 내면이 아름다운 꽃을 닮아서라고 상투적으로 쉽게 단정할 수도 있다. 별은 흔히 이상이나 꿈의 다른 말로 불리기도 한다. 이 역시 상투적이고 쉬운 판단이다.

　그가 꽃이나 별을 통해 세계를 인식하는 깊은 속내는 다른 까닭이 더 많다. 꽃은 지상에서 피어나고, 별은 하늘에 있다. 지상과 하늘. 현실과 이상의 다른 이름이다. 물론 지상의 일이 다 아름답지만은 않다. 되레 추한 일이 많다. 하늘의 일은 대개가 이루어지지 않은(이루지 못한) 일이 많다. 그렇지만 그는 아름다운 현실을 가꾸기를 원하고, 손에 쉽게 잡히지 않지만 꿈꾸는 대로 이루어지길 바란다.

    하늘색 작은 꽃
    너 참 예쁘다

    맑은 날 하늘빛 머금어
    순한 꽃잎 피워 내다니
    너 참 기특하다

    가느다란 줄기 끝에
    눈물 한 방울 길어 올렸을
    바람 한 줌 꽃잎에 앉혀도 보았을

    너무도 작아서
    한 발짝만 물러서면 보이지 않고
    한눈팔면 꼭꼭 숨어버릴 것 같은 너를
    하늘꽃이라 부른다

    너 참 예쁘다
    너 참 기특하다
      ―「하늘꽃」 전문

하늘색의 작은 꽃, 예쁘고 기특하다. 그러나 너무나 작아 자칫하면 볼 수도 없다. 한눈이라도 팔면 꼭꼭 숨어버릴 것 같다. 하지만 "가느다란 줄기 끝에/ 눈물 한 방울 길어 올렸을/ 바람 한 줌 꽃잎에 앉혀도 보았을" 거라고 여긴다. 연약하고 작지만 예쁘고 기특하다. "맑은 날 하늘빛 머금어/ 순한 꽃잎 피워 내"는 꽃이니까!

시인은 하늘꽃 같은 사람이고 싶다. 연약하고, 작고, 가느다란 줄기로 눈물 길어 올리고, 바람을 붙잡아 꽃잎에 앉히기에 예쁘고 기특하다. 그러기에, 지상의 꽃이지만 하늘꽃이다. 시인에게 하늘꽃은 곧 별이다.

2.

하늘의 별은 꽃으로 피어나기 위해 지상으로 내려오기도 한다. 특히 아직 지상에서 할 일이 많은 이들이….

며칠 전부터 새들의 지저귐과
별들의 춤사위가 찬란하더니
어느새 꽃들이 피어났다

사월이면 꽃들은 진하게 붉어져서
가슴 깊이까지 붉게 물든다

꽃밭은 원래 별들의 고향
꽃인가 했더니 별이더라
별들이 내려와 꽃별로 피어났더라

꽃별들아
비 오면 오는 대로 바람 불면 부는 대로
어깨동무 친구들과 수다도 떨고
이 땅에서 마음껏 즐거워지려므나
―「별들이 내려왔다- 세월호 7주기에 부쳐」 전문

4.16, 세월호, 꽃, 별…. 이제 거의 상징이 되어버리다시피 한 아픔이다. 2014년 4월 16일 진도 앞바다의 세월호 여객선 침몰 사건 때 희생된 아이들의 넋은 하늘로 올라가 별이 되었다가, 다시 지상으로 내려와 꽃이 된다.

시인은 "꽃밭은 원래 별들의 고향"이라 여긴다. 그래서 "꽃인가 했더니 별이더라"고 노래한다. 시인은 "별들의 춤사위가 찬란하더니/ 어느새 꽃들이 피어났다"며 꽃과 별을 동일시 한다. 지상에 꽃으로 다시 피기 위해 내려온 별은 꽃별이다. 시인은 꽃별들이 "어깨동무 친구들과 수다도 떨며" 이 땅에서 마음껏 즐거워하기를 바란다.

이처럼 비극적인 일도 시인은 슬퍼만 하거나 분노만 하지 않고 지상의 삶을 다시 즐기며 살기를 소망한다. 그의 꽃들은 미처 아름다움을 다 보여주지 못하거나 즐기지 못했다. 시인은 그게 안타깝다.

시인의 안타까움은 자신이 죽어 어느 별이 될 것인지도 걱정하게 한다. "그대는 죽어/ 어느 별로 기억되고 싶은가/ 하늘을 올려다 보았다"(「별마당」부분). 그러면서 너의 별을 찾아야 한다고 다그친다.

> 너의 별을 찾아서 떠나라
> 너만의 별이어야 살 수 있다
>
> 가시밭길일지라도 가라
> 자갈길일지라도 가라
>
> 진정 너의 별을 만나면
> 그것은 천국에 닿는 일
>
> 세상이 아름답지 않은 것은
> 너의 별이 아니기 때문이다
> ―「너의 별을 찾아라」전문

"세상이 아름답지 않은 것은/ 너의 별이 아니기 때문"이라며 "가시밭길일지라도 가라/ 자갈길일지라도 가라"며 등 떠민다. 그러면서 "너만의 별이어야 살 수 있다"고 하며 "진정 너의 별을 만나면/ 그것은 천국에 닿는 일"이라고 한다. 그렇다. 시인에게 별이 되는 것은 천국에 닿는 일이다. 그러기에 '너(자신)만의 별'이어야 한다.

시인은 '너만의 별'이어야 한다며 거의 강박을 보이지만 다른 별은 그에게 든든한 배경이 되기도 한다.

> 무거운 발걸음 터벅터벅 계단을 오른다
>
> 힘없이 늘어진 어깨를 애써 세우고
> 애꿎은 발을 세게 내딛는다
> 하늘을 올려다보며 왜 또 이러냐고
> 듣고 있다면 숨 좀 쉬게 해달라고
> 제발 내 죄는 나에게만 물어 달라고 외친다
>
> 미리내 별들이 저 멀리서 반짝거린다
> ―「비나리」전문

힘들고 지치면 "하늘을 올려다보며 왜 또 이러냐고/ 듣고 있다면 숨 좀 쉬게 해달라고"하며 "내 죄는 나에게만 물어 달라고 외친다".

"미리내 별들이 저 멀리서 반짝거린다"고 한 구절은 헝가리 출신의 미학자 루카치(1885~1971)가 그의 저서 『소설의 이론』 첫 머리에서 언급한 대목을 떠올리게 한다. 루카치는

"별이 빛나는 높은 하늘을 보고, 갈 수가 있었고, 가야만 하는 길의 지도를 읽을 수 있었던 시대는 또 얼마나 행복했던고? 그리고 별빛이 그 길을 환히 밝혀주던 시대는 얼마나 행복했던고?"라고 말했다.

대부분의 현대인들은 진즉 그런 시절을 잃어버렸다. 그래서 더욱 그 시절이 행복하게 느껴진다. 그러나 김지현 시인은 행복했던 그 시절을 잃고 싶지 않다. 시인에게 별은 여전히 반짝거리며 나침반 역할을 해준다.

3.

대부분의 사람들은 추억을 그리워하면서도 이제는 어찌할 수 없는 것으로 치부하며 애써 잊고자 한다. 아픈 일이든 기쁜 일이든 추억으로 갈무리되면 기억의 저편에 묻어두고서 현재의 삶과는 그다지 관련 없는 일로 여겨버린다. 그러나 김지현 시인은 추억조차 잃고 싶지 않다. 그러기에 시인은 달 속에 담긴 천년의 추억이 어떻게 드러나는지 그 비밀을 캐내고 만다.

야자수에 걸린 달이 천년의 추억을 더듬는 걸 보았다

십일월 중순이면 유성이 갈라쇼를 벌이던 산굼부리

그곳에서 안식을 찾던 한 여자는 추억을 주워담으며 산다

멋쩍게 웃는 저 둥근 달의 속이 훤히 보인다
―「야자수에 걸린 달」 전문

시인은 "야자수에 걸린 달이 천년의 추억을 더듬는 걸 보았다", "추억을 주워담으며 사는 여자", 그에겐 "멋쩍게 웃는 저 둥근 달의 속이 훤히 보인다". 야자수는 지상에 뿌리를 박고 있고, 달은 하늘에 떠 있다. 지상의 야자수에 걸린 달이 천년의 추억을 더듬는다. 시인에겐 추억조차도 지상에서 하늘로 올라가는 것이다. 꽃이 별이 되는 맥락이다. 그러나 시인에게 추억은 하늘로 올라가 한없이 오래 머물지 않는다. 추억은 다시 지상으로 내려온다. 별이 꽃이 되는 이치!

엄마 집으로 눈 마중 간다
서울을 벗어나자
눈송이가 얼굴에 부드럽게 녹아든다
튀밥장수 튀밥이라도 튀는 양
쌀튀밥이 우수수 쏟아지는 환상
아이들이 고사리손으로 귀를 막고
펑, 튀밥들이 뿌연 훈김 속으로 흩어진다

튀밥 한 주먹 움켜쥐고
새하얀 세상을 돌고 돌아서
시골 마당에 들어서자
씨앗을 품은 흰 눈 소복한 엄마의 꽃밭이 반긴다
사부작사부작 장독 위에 눈 쌓이고
지난 고단함을 훌훌 털어주는 눈 마중
　─ 눈 마중」 전문

"엄마 집, 눈송이, 튀밥장수, 아이들 고사리손, 시골 마당 엄마의 꽃밭, 장독…." 온통 추억을 소환하는 말들이다. 시인에겐 추억을 불러일으키는 이 모든 것이 다 소중하다. 잃고 싶지 않다. 그러기에 하늘에서 눈이 내려 추억의 공간인 시골 마당 엄마의 꽃밭에 쌓이는 걸 놓치지 않는다. 눈은 새하얀 세상을 만들고, 엄마의 꽃밭에 소복히 쌓이고, 장독 위에도 사부작사부작 쌓인다. 눈 마중이다. 아니, 추억 마중이다.

눈앞에 그려지지 않을 정도로 먼 기억 속으로 들어가버린 풍경들. 하지만 하늘에서 눈이 내리는 순간 추억이 되살아난다. 이제 추억이 잡힌다. 추억은 하늘에만 있지 않다. 지상에서 다시 느낄 수 있다. 엄마 집은 추억의 공간이다. 그래서 애써 눈 마중을 한다.

4.

김지현 시인은 지상의 꽃과 하늘의 별을 굳이 나누지 않는다. 이런 세계 인식은 삶과 죽음을 하나로 보는 태도이기도 하다. 그러기에 다음과 같은 시를 썼으리라.

> 안개 낀 강 언덕에
> 진달래꽃 붉다
>
> 빨간 볼의 꽃잎
> 강물이 업어 간다
>
> 강은 물무덤
> 꽃상여 가듯
>
> 꽃잎들이 점점이
> 꽃 수를 놓는다
> ―「진달래강」 전문

강물에선 안개가 피어올라 몽환적인 풍경을 자아내고, 강 언덕엔 진달래꽃이 붉게 피어 있다. 흐릿한 삶과 강렬한 죽음의 경계를 보여준다. 마치 "빨간 볼의 꽃잎"을 "강물이 업어" 가는 듯하다. 그러기에 "강은 물무덤/ 꽃상여 가듯"이라고 노래한다. 마침내는 "꽃잎들이 점점이/ 꽃 수를 놓는다"고 군더더기 없이 아퀴를 짓는다. 이는 이승(꽃)의 세계와 저승(별)의 세계를 뚜렷하게 나누지 않으려는 시인의 자세로 읽힌다. 그러나 시인도 지금 이승에서 살기에 이승의 삶을 소중히 여긴다. 가령 이런 시.

보랏빛 물결을 향해 달려갔다
키 큰 보라색 수레꽃이 활짝 웃는다

토끼풀이 가득한 땅바닥에
궁둥이를 붙이고 앉아 꽃을 바라본다

초여름 바람을 좋아하던 소녀는 없고
중년의 흰머리 가득한 여인이 있을 뿐이다

어느 하늘가에 떠도는지 모를 그 별이
오늘은 보라색 향기로 온 것인가

물수레꽃 아래 바람이 참 좋다
―「물수레꽃 아래서」 전문

시인은 보랏빛 물결을 향해 달려간다. 꽃을 바라본다. 바람을 좋아하던 소녀는 어느새 흰머리 가득한 중년의 여인이 되어 있다. 혹여 "어느 하늘가에 떠도는지 모를 그 별이/ 오늘은 보라색 향기로 온 것인가"하고 고개를 갸우뚱거린다. 역시 꽃이다. 그러면서도 삶을 긍정한다. "물수레꽃 아래 바람이 참 좋다"면서.

현대시학시인선 125

너에게로 가는 시냇물

초판 1쇄 발행	2023년 7월 25일
지은이	김지현
발행인	전기화
책임편집	고미숙
발행처	현대시학사
등록일	1969년 1월 21일
등록번호	종로 라 00079호
주소	서울시 종로구 계동길 41
전화	02.701.2341
블로그	http://blog.daum.net/hdsh69
이메일	hdsh69@hanmail.net
배포처	(주)명문사 02.319.8663
ISBN	979-11-92079-79-0 03810

○ 책값은 뒤표지에 있습니다.
○ 이 책의 판권은 지은이와 현대시학사에 있습니다.
  이 책 내용의 전부 또는 일부를 재사용하려면 반드시 양측의 서면 동의를 받아야 합니다.
○ 잘못 만들어진 책은 구입하신 서점에서 교환해드립니다.